Rainer Schmidl

Unternehmensplanung mit Hilfe von SAP SEM

GRIN - Verlag für akademische Texte

Der GRIN Verlag mit Sitz in München hat sich seit der Gründung im Jahr 1998 auf die Veröffentlichung akademischer Texte spezialisiert.

Die Verlagswebseite www.grin.com ist für Studenten, Hochschullehrer und andere Akademiker die ideale Plattform, ihre Fachtexte, Studienarbeiten, Abschlussarbeiten oder Dissertationen einem breiten Publikum zu präsentieren.

Dokument Nr. V115988 aus dem GRIN Verlagsprogramm

Rainer Schmidl

Unternehmensplanung mit Hilfe von SAP SEM

GRIN Verlag

Bibliografische Information der Deutschen Nationalbibliothek: Die Deutsche Bibliothek
verzeichnet diese Publikation in der Deutschen Nationalbibliografie; detaillierte bibliografische Daten sind im Internet über http://dnb.d-nb.de/ abrufbar.

1. Auflage 2008
Copyright © 2008 GRIN Verlag
http://www.grin.com/
Druck und Bindung: Books on Demand GmbH, Norderstedt Germany
ISBN 978-3-640-17887-2

FOM Fachhochschule für Oekonomie & Management München

Berufsbegleitender Studiengang zum

Diplom-Wirtschaftsinformatiker (FH)

6. Semester

Hausarbeit zum Thema

Unternehmensplanung mit Hilfe von SAP SEM

Autor: Rainer Schmidl

München, den 17. März 2008

Inhaltsverzeichnis

Abkürzungsverzeichnis

ABAP	Advanced Business Application Programming
BCS	Business Consolidation System
BI	Business Intelligence
BPS	Business Planning and Simulation
BSC	Balanced Scorecard
bspw.	beispielsweise
BW	Business Warehouse
bzw.	beziehungsweise
CPM	Corporate Performance Measurement
CRM	Customer Relationship Management
d. h.	das heißt
EC-CS	Enterprise Controlling Consolidation
GuV	Gewinn- und Verlustrechnung
HGB	Handelsgesetzbuch
IAS	International Accounting Standard
KPI	Key Performance Indicators
OLAP	Online Analytical Processing
PCA	Profit Center Accounting
SEM	Strategic Enterprise Management
sog.	so genannte
u. a.	unter anderem
US-GAAP	United States Generally Accepted Accounting Principles
z. B.	zum Beispiel

Abbildungsverzeichnis

1   Einleitung

Ein Hauptproblem unternehmerischer Tätigkeit besteht darin, dass die Zukunft nur sehr schwer vorhersehbar ist. Die Prognosen der Umweltveränderungen auf Grund neuer Technologien, neuer Märkte, gewandelter Verhaltensweisen der Abnehmer und Konkurrenten sowie staatlicher Eingriffe stellen daher eines der größten Managementprobleme dar.[1] Die Entscheidungssituation ist in den letzten Jahren zunehmend komplexer geworden. Durch die Internationalisierung der Märkte nehmen nicht nur die möglichen Handlungsalternativen massiv zu, sondern auch deren Konsequenzen. Entscheidungen, die heute getroffen werden, wirken sich auf eine Vielzahl von Prozessen aus, die nur schwer vorherzusehen sind. Auch wenn die Unternehmensumwelt sehr komplex ist, müssen Entscheidungen getroffen werden, nicht nur für das operative Geschäft, sondern vor allem für die Zukunft.[2]

Strategische Planung ist in der betrieblichen Praxis, speziell in mittleren und kleinen Betrieben, eher die Ausnahme. Circa 95% aller Unternehmen in Deutschland planen ihre Zukunft ohne strategische Instrumente und Methoden.[3] Eine derartige Planung wäre empfehlenswert, um den zunehmenden unspezifischen Risiken und Chancen der Umwelt entgegenwirken zu können.[4] Viele Unternehmen scheitern an einer unzureichenden und unterlassenen strategischen Planung. Demnach ist die mangelnde Planung und entsprechende Fehleinschätzungen der anfallenden Kosten, des Investitionsbedarfs sowie der Nachfrageentwicklung und der Konkurrenzsituation mit über 60% Hauptursache für eine spätere Unternehmensaufgabe bzw. einen Konkurs.[5] Eine strategische Planung sensibilisiert die Einstellung der Unternehmung auf künftige Risiken und Chancen, so dass demzufolge alternative Zukunftsentwicklungen im Vorfeld erkannt und darauf reagiert werden kann.[6]

Um einen Einblick in die Unternehmensplanung zu bekommen, wird diese im folgenden zuerst beschrieben und anschließend die Software Strategic Enterprise Management (SEM) der Firma SAP Deutschland AG und dessen Module zur strategischen Unternehmensplanung vorgestellt.

---

[1] Vgl. Ehrmann, H., (2007) S. 30f.
[2] Vgl. Ehrmann, H., (2007) S. 19f.
[3] Vgl. Krech, J., (1998) S. 5
[4] Vgl. Krech, J., (1998) S. 5
[5] Vgl. Krech, J., (1998) S. 5
[6] Vgl. Heuser, R., Günther, F., Hatzfeld, O., (2003) S. 31f.

2   Grundlagen einer Unternehmensplanung

Eine Unternehmensplanung bzw. strategische Unternehmensplanung hat die Zielsetzung, die Erfolgsaussichten der Führungsentscheidungen sowie die Eintrittswahrscheinlichkeiten künftiger Ereignisse zu prognostizieren.[7]

Die Geschäftsleitung legt Ziele fest, basierend auf der Firmenphilosophie und den Firmengrundsätzen, die in konkrete Zielvorstellungen für das Gesamtunternehmen eingeteilt und angestrebt werden. Die Aufgabe der Unternehmensplanung ist dabei die Festlegung, wie und mit welchen Mitteln diese erreicht werden sollen. Sie sorgt zudem für den optimalen Einklang zwischen der gesamtunternehmerischen Planung und den Teilplänen aller Unternehmensbereiche. Die Unternehmensplanung ist umso schwieriger, je komplexer die jeweiligen Unternehmensstrukturen sind.[8]

Die Planung, als ein Teil des Managementprozesses, kann als die erste Phase der Umsetzung der formulierten Unternehmensstrategie angesehen werden. In den meisten Fällen handelt es sich um einen zweistufigen Prozess. Zuerst erfolgt eine Simulationsrechnung zur Vorbereitung der Entscheidung, in der zweiten Stufe wird eine Entscheidung bezüglich der endgültigen Planvorgaben getroffen.[9]

---

[7] Vgl. Krech, J. (1998) S. 17
[8] Vgl. Ehrmann, H. (2007) S. 98
[9] Vgl. Arnold, F., Röseler, J., Staade, M., (2005) S. 33f.

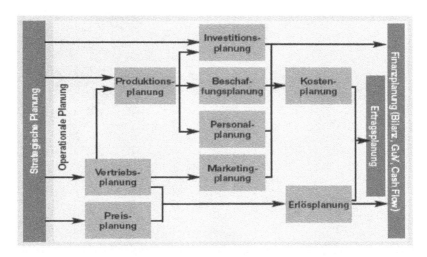

Abbildung 1: Planmodell zur strategischen Unternehmensplanung
Quelle: o. V., (o. J.) SAP AG Deutschland, Stand 10.03.2008

Abbildung 1 zeigt ein für die Unternehmensplanung typisches Planmodell. Aufbau-
end auf der strategischen Planung werden die einzelnen Teilpläne für die operatio-
nale Planung definiert. Die logischen Abhängigkeiten der Teilpläne untereinander
werden mit Pfeilen dargestellt. Alle Schritte münden letztendlich in eine konsolidier-
te Finanzplanung, die sich aus den vorgelagerten Planungsschritten ableitet. Die
Erstellung der einzelnen Teilpläne mit den jeweiligen Abhängigkeiten muss inhalt-
lich, zeitlich, organisatorisch und technisch aufeinander abgestimmt sein.[10]

Um die Unternehmensplanung optimal zu gestalten bzw. zu unterstützen, gibt es
verschiedenste Softwarelösungen wie z. B. SAP SEM.

---

[10] Vgl. Egger, N., (2005) S. 65

3   Strategic Enterprise Management (SAP SEM)

Die Softwarelösung SAP SEM der SAP Deutschland AG dient zur Strategiefindung, -definition, -kommunikation und –umsetzung für einen ganzen Konzern, ein einzelnes Unternehmen oder für einen Unternehmensteil, bspw. ein Profit-Center.[11] Dabei hilft das System, die für eine Unternehmensanalyse erforderlichen Daten aus internen und externen Quellen zusammenzutragen und auszuwerten. SAP SEM koordiniert die am Planungs- und Entscheidungsprozess beteiligten Führungskräfte und Mitarbeiter und hilft so, die jeweilige Strategie für das Unternehmen zu definieren.[12] SAP SEM ist der SAP Business Suite im Bereich der SAP ERP Financials zugeordnet, muss jedoch als Software eigenständig lizenziert werden.[13]

SAP SEM setzt sich aus insgesamt drei Komponenten zusammen. Neben der Business Planning and Simulation (BPS), dem Business Consolidation System (BCS) beinhaltet SAP SEM das Corporate Performance Measurement (CPM).[14] Abbildung 2 zeigt die einzelnen Komponenten und deren Funktionen. Die einzeln dargestellten Bereiche Strategy Management und Performance Measurement sind Teilbereiche des SEM CPM.

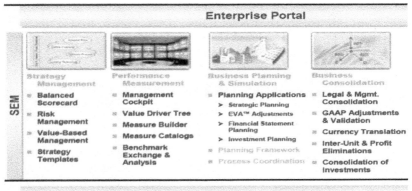

Abbildung 2: Aufbau SAP SEM

Quelle: Dehn, S., (o. J.) Plaut Deutschland, Stand 13.03.2008

---

[11] Vgl. Meier, M., Sinzig, W., Mertens, P., (2003) S. 81
[12] Vgl. Meier, M., Sinzig, W., Mertens, P., (2003) S. 81
[13] Vgl. o. V., (o. J.) SAP AG Deutschland, Stand 10.03.2008
[14] Vgl. Siebert, J., Strohmeier, M., (2006) S. 118

3.1   Technische Voraussetzungen

Die Software SAP SEM nutzt zur Datenablage und -verwaltung das SAP Business Information Warehouse (SAP BW), der Data-Warehouse-Lösung innerhalb von MySAP Business Intelligence (mySAP BI).[15] „Unter einem Data Warehouse wird dabei eine unternehmensweite und informative Datenbasis verstanden, die entscheidungsrelevante Daten aus unterschiedlichen internen und externen Quellen in einer einheitlichen Systemumgebung dem Management zur Auswertung und Planung zur Verfügung stellt."[16] In SAP SEM ist somit der komplette Business Content des SAP BW vorhanden.[17] Durch die Nutzung der neuesten OLAP- und Data Warehouse-Technologie kann auf eine einheitliche Datenbasis zurück gegriffen werden. Die Release-Zyklen von SAP BW und SAP SEM sind entsprechend aufeinander abgestimmt. Durch die offene Architektur und verschiedene Benutzerschnittstellen des SAP SEM ist es möglich Produkte anderer Anbieter, bspw. eine CRM-Software, mit einzubeziehen.[18]

3.2   Business Planning and Simulation (SEM-BPS)

Die integrierte Unternehmensplanung und Simulation als dynamisches Führungsmittel ist mittlerweile fester Bestandteil der strategischen Unternehmensführung. SEM-BPS versucht die Geschäftsführung durch das Erstellen von Planungsanwendungen gezielt zu unterstützen, indem die strategische Unternehmensplanung mit möglichst geringem Konfigurationsaufwand abgebildet und zeitnah mit einer operativen Umsetzung verbunden wird.[19] Dabei können unterschiedlichste Planungsszenarien simuliert und deren Auswirkungen auf Kennzahlen, sog. KPI's[20] analysiert werden.

---

[15] Vgl. Fischer, R., (2005) S. 125
[16] Heuser, R., Günther, F., Hatzfeld, O., (2003) S. 494
[17] Vgl. Meier, M., Sinzig, W., Mertens, P., (2003) S. 85
[18] Vgl. Meier, M., Sinzig, W., Mertens, P., (2003) S. 86
[19] Vgl. o. V., (o. J.) Cundus AG, Stand 10.03.2008
[20] Kennzahlen, meist qualitativer Natur, die für die Messung der Leistung in spezifischen Bereichen, bspw. im Supply-Chain-Management, eine Schlüsselrolle einnehmen.

Um die Entwicklung von Kennzahlen vorhersagen zu können, werden verschiedenste Prognoseverfahren verwendet. Für die genaue Berechnung stehen u. a. folgende Prognosestrategien zur Verfügung:[21]

-Durchschnitt

-Gleitender Durchschnitt

-Gewichteter gleitender Durchschnitt

-Einfache exponentielle Glättung (Konstantmodell)

-Lineare exponentielle Glättung (Trendmodell)

-Saisonale exponentielle Glättung (Saisonmodell)

-Trendsaisonale exponentielle Glättung (Trend-Saisonmodell)

-Lineare Regression

Durch die flexible, BI-basierte Architektur erlaubt SEM-BPS mehrjährige Planungshorizonte im Kontext von vielstufigen Top-Down- sowie Bottom-up-Planungszenarien zu erstellen. Darüber hinaus besteht die Möglichkeit, für die Unternehmensplanung lineare oder dynamische Geschäftsmodelle zu entwickeln.[22] Neben einer manuellen Planung stehen frei definierbare generische Planungsfunktionen zur Verfügung, z. B. Kopieren, Umbuchen, Verteilen mit Referenzdaten oder nach Schlüsseln, Prognose und Umwerten.[23] Die erzeugten Planwerte, z. B. Kostenstellenbudgets, können in die operativen SAP-Systeme zurückgeschrieben werden.

Die Organisation und Koordination der Planung findet mit dem Status und Tracking-System von SEM-BPS statt. Dieses hilft den Bearbeitungsfortschritt der verschiedenen Planungsaufgaben nach Art eines Workflow-Management-Systems zu überwachen. Mit Hilfe von Planungsmappen kann eine durchgehende Planungsanwendung mit unterschiedlichen Funktionen bzw. Layouts gestaltet werden. Diese können anschließend mit dem Web-Interface-Builder in einem kundenspezifisch gestaltbaren Web-Layout publiziert werden.[24] Zusätzlich können über Exit-Funktionen, sollten die angebotenen Möglichkeiten zur Erzeugung von Plandaten nicht ausreichend sein, individuelle Planungsdaten in ABAP programmiert wer-

---

[21] Vgl. Fischer, R., (2005) S. 197f.
[22] Vgl. Siebert, J., Strohmeier, M., (2006) S. 118f.
[23] Vgl. o. V., (o. J.) Cundus AG, Stand 10.03.2008
[24] Vgl. o. V., (o. J.) Cundus AG, Stand 10.03.2008

den.[25] User-Exit-Variablen sind die einfachste und benutzerfreundlichste Art, um Planungsanwendungen zu parametrisieren bzw. zu programmieren.[26]

Im Zentrum der verfügbaren Planungsanwendungen steht die integrierte Jahresabschluss- und Bilanzplanung. Daran angegliedert sind Teilpläne wie Ergebnis-, Kostenstellen-, und Investitionsplan sowie betriebswirtschaftliche Planungsanwendungen, z. B. Liquiditäts-, Personal-, Ressourcen-, Waren- und Sortimentsplanung, CRM-, und Profit-Center-Analyse.

Abbildung 3 stellt den für eine mittelfristige Bilanzplanung relevanten Wertefluss dar.

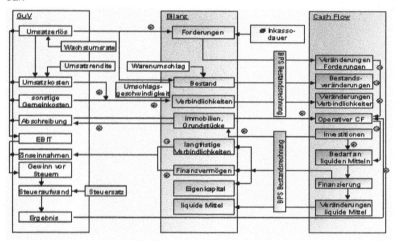

Abbildung 3: Wertefluss einer Bilanzplanung
Quelle: o. V., (o. J.) SAP AG Deutschland, Stand 12.03.2008

Die integrierte Bilanz-, GuV- und Cash-Flow-Planung ermöglicht auf Basis detaillierter Vorgaben, bspw. für Umsätze, Kosten und Investitionen, die Auswirkungen auf Kennzahlen zum Jahresabschluss simultan aufzuzeigen und zu budgetieren. In diesem Zusammenhang stehen zusätzliche, spezielle Planungsfunktionen wie Abschreibungen, Bestandsrechnung, Kontenfindung/Gegenbuchung, Verweilzeit sowie eine kontenbasierte Währungsumrechnung bzw. betriebswirtschaftliche Rundung, zur Verfügung.[27]

---

[25] Vgl. Fischer, R., (2005) S. 196f.
[26] Vgl. Egger, N., (2005) S. 137f.
[27] Vgl. Meier, M., Sinzig, W., Mertens, P., (2003) S. 93ff.

Über den Capital Market Interpreter können die Erwartungen externer Finanzana-
lysten in die strategische Planung mit einbezogen und mit dem Unternehmenswert
auf Basis von Plan-Daten verglichen werden. Dieser bietet die Möglichkeit, voraus-
schauend Wertlücken (Value Gaps) zu errechnen, d. h. den Grad der Über- bzw.
Unterbewertung. Auf Basis der Ist-Geschäftsentwicklung kann der Capital Market
Interpreter prüfen, ob die gewählte Strategie zur gewünschten externen Unterneh-
mensbewertung führt.[28]

3.3   Business Consolidation System (SEM-BCS)

Das Business Consolidation System (BCS), das ursprünglich aus dem EC-CS-
Modul des SAP R/3 Systems hervorgegangen ist, bildet die grundsätzlichen Funktionen zur Vorbereitung der externen Konzernrechnungslegung und Managementkonsolidierung ab.[29]

Viele international tätige Unternehmen, sog. Global-Player sind verpflichtet für die
externe Konzernrechnungslegung mehrere Abschlüsse nach HGB und anderen
Vorschriften, z. B. IAS oder US-GAAP, parallel zu erstellen.[30] Diese Vorschriften
haben hauptsächlich das Ziel die weltweite Transparenz und Qualität der Unter-
nehmensaktivitäten zu erhöhen. Dieser Vorgang wird oft durch häufige Unterneh-
mensakquisitionen, -verkäufe und -fusionen sowie anderer Arten der Umorganisa-
tion erschwert.[31]

Bei der Managementkonsolidierung werden die Daten als interne Führungsinforma-
tion entsprechend der Organisationsstruktur aggregiert. Die Konsolidierung wird
nach internen Anforderungen, bspw. einer Profit-Center-Konsolidierung, erstellt.

Die Grundlage des SEM-BCS bildet die Modellierung von Konzernstrukturen im
Konsolidierungsmonitor, unterschieden werden dabei Konsolidierungseinheiten und
-kreise.[32] Eine Konsolidierungseinheit ist bspw. eine Gesellschaft, ein Geschäftsbe-
reich oder ein Profit-Center, die Konsolidierungskreise dienen dazu diese zu grup-
pieren.[33] Im Stammsatz einer Konsolidierungseinheit lassen sich dann definierte
Werte wie Sprachenschlüssel, Korrespondenzdaten, Hauswährungsschlüssel, Ein-

[28] Vgl. Meier, M., Sinzig, W., Mertens, P., (2003) S. 91
[29] Vgl. Siebert, J., Strohmeier, M., (2006) S. 232f.
[30] Vgl. Bauer, E., Siebert, J., (2007) S. 173
[31] Vgl. Werner, T., Mumenthaler, S., Schuler, A., Grossmann, D., (2005) S. 17ff.
[32] Vgl. Siebert, J., Strohmeier, M., (2006) S. 234
[33] Vgl. Werner, T., Mumenthaler, S., Schuler, A., Grossmann, D., (2005) S. 94f.

beziehungsgrund etc. hinterlegen. Für den Datentransfer stehen 4 Methoden zur Verfügung:

1. Periodischer Extrakt aus der Finanzbuchhaltung
2. Offline-Erfassung auf der Basis von Microsoft Access
3. Flexibler Upload aus Fremdsystemen
4. Online-Erfassung im SAP-System

SEM-BCS bietet mehrere feste und von Anwendern definierbare Auswahlkriterien, z. B. Profit-Center, Produkte, Kundengruppen oder Regionen.[34] Darüber hinaus ist es dem Benutzer möglich zeit- und versionsabhängige Hierarchien zu verwalten.[35] Die Pflege lässt sich in einer Baumstruktur per Drag & Drop durchführen. Nach Veränderung der Konzernstruktur stehen die konsolidierten Ergebnisse automatisch im Reporting zur Verfügung. Bei komplexeren Situationen, bspw. bei einer Konsolidierung nach gesetzlichen Anforderungen mit Kapitalkonsolidierung, übernimmt der Konsolidierungsmonitor automatisch alle notwendigen Buchungen. Dies ist vor allem für Unternehmen sinnvoll, bei denen sich durch An- und Verkauf sowie Umorganisationen die Beteiligungsverhältnisse ständig ändern.[36]

Über Positionen und -Pläne, die das Rückgrat des Konsolidierungssystems bilden, ermöglicht SEM-BCS eine detaillierte Analyse des Eigenkapitals nach Herkunft, Zweck, Bindungsgrad und Verfügbarkeit.[37] So berücksichtigt das Modul bei der Gewinnverwendung Angaben über den Vortrag von Ergebnissen, Ausschüttungen und Einstellungen bzw. Entnahmen aus Rücklagen. Die Positionspläne können dabei nach verschiedenen Vorgaben gegliedert werden, u. a. nach den Anforderungen der Gesetzesrahmen, bspw. nach HGB in Verbindung mit der 4./7. EU-Richtlinie, US-GAAP oder IAS. Die internen Anforderungen der Deckungsbeitragsrechnung können ebenfalls abgebildet werden. Auf diese Weise ist es möglich weitestgehend automatisiert parallele Abschlüsse zu erstellen.[38] Mit Hilfe einer Matrix-

---

[34] Vgl. Siebert, J., Strohmeier, M., (2006) S. 261
[35] Vgl. Meier, M., Sinzig, W., Mertens, P., (2003) S. 107
[36] Vgl. Krämer, C., Lübke, C., Ringling, S., (2003) S. 540f.
[37] Vgl. Werner, T., Mumenthaler, S., Schuler, A., Grossmann, D., (2005) S. 99ff.
[38] Vgl. Meier, M., Sinzig, W., Mertens, P., (2003) S. 108

organisation können simultan mehrere Sichten in einer Konsolidierungsstruktur verarbeitet und konsolidiert werden.[39]

Die Erfassung und Aufbereitung dieser Daten erfolgt mit dem Datenmonitor, der alle erforderlichen Aufgaben steuert, deren aktuellen Status übersichtlich dar- und die Konsistenz sicherstellt.[40] Eine Ampelgrafik signalisiert den Gesamtstatus der einzelnen Maßnahmen, siehe Abbildung 4.

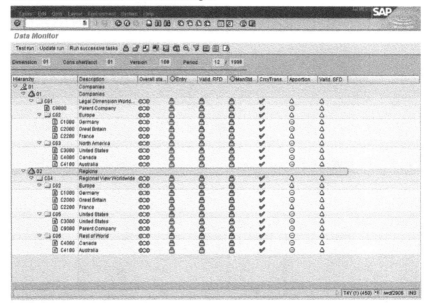

Abbildung 4: SAP SEM Datenmonitor

Quelle: o. V., (o. J.) SAP AG Deutschland, Stand 10.03.2008

Die in der Grafik aufgezeigte Konsolidierung beginnt mit dem Vortrag der Vorjahres-Daten. Da es sich um ein integriertes System handelt, können diese überwiegend automatisch über Schnittstellen aus dem SAP BW sowie SAP R/3 Modulen Finanzen (FI) und Profit-Center-Rechnung (PCA) übernommen werden. Diese, der Konsolidierung vorgelagerten Systeme, sind in der Lage erforderliche Zusatzkontierungen, bspw. Bewegungsarten, Partnergesellschaften etc., mitzuführen und sie

---

[39] Vgl. Werner, T., Mumenthaler, S., Schuler, A., Grossmann, D., (2005) S. 75
[40] Vgl. Siebert, J., Strohmeier, M., (2006) S. 235

zum Zeitpunkt der Datenübertragung dem SEM-BCS zur Verfügung zu stellen.[41] Über die SAPGUI, eine Web-Benutzungsoberfläche sowie eine Microsoft-Excel-Lösung können Zusatzmeldedaten online personell erfasst werden.[42] Da für die externe Konsolidierung das Belegprinzip gilt, generiert das System zu jeder Maßnahme Protokolle, die dem Wirtschaftsprüfer zur Verfügung gestellt werden können. Dies ist eine wesentliche Voraussetzung für die Compliance- und Corporate-Governance-Anforderungen sowie die Audit-Fähigkeit des Konzernabschlusses.[43]

3.4 Corporate Performance Measurement (SEM-CPM)

Das Modul SEM-CPM ist in die beiden Bereiche Strategy Management und Performance Measurement aufgeteilt.

Ziel des Strategy Management ist die Abbildung der Balanced Scorecard, um dadurch operationalisierte Zielvorgaben als KPI zu etablieren. Des Weiteren bietet das System betriebswirtschaftliche Inhalte zur wertorientierten Unternehmensführung, insbesondere zum Werttreiber-Management, an. Darüber hinaus umfasst das Strategy Management Instrumente für das Risiko-Management.

Der Bereich des Performance Measurement beinhaltet den Measure Builder und das Management Cockpit. Mit Hilfe dieser Systeme lassen sich komplexe betriebswirtschaftliche Kennzahlen definieren und verwalten. Ziel ist die Unterstützung und Beschleunigung der Kommunikation innerhalb des Managements.[44]

Die Hauptmodule beider Bereiche werden nachfolgend beschrieben.

3.4.1 Balanced Scorecard

Die Balanced Scorecard ist ein Steuerungsinstrument, das die erfolgreiche Implementierung von Strategien in einem Unternehmen sicherstellt.[45] Die Leistung eines Unternehmens wird dabei als ausgewogenes Verhältnis (Balanced) zwischen Finanzwirtschaft, Kunden-, Mitarbeiterperspektive und Geschäftsprozessen auf einer

---

[41] Vgl. Bauer, E., Siebert, J., (2007) S. 82
[42] Vgl. Meier, M., Sinzig, W., Mertens, P., (2003) S. 111
[43] Vgl. Siebert, J., Strohmeier, M., (2006) S. 236
[44] Vgl. Meier, M., Sinzig, W., Mertens, P., (2003) S. 115
[45] Vgl. Arnold, F., Röseler, J., Staade, M., (2005) S. 54

übersichtlichen Tafel (Scorecard) dargestellt. Den Mittelpunkt bilden die Visionen und Strategien, vgl. Abbildung 5.[46]

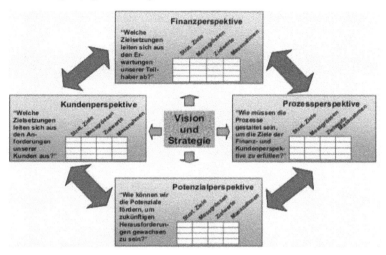

Abbildung 5: Die vier Perspektiven der Balanced Scorecard
Quelle: Stopper, M., Ferrari, D., (2006) Stand 01.03.2008

Mit Hilfe der Balanced Scorecard soll gewährleistet werden, dass der Stellenwert der weichen gegenüber den harten Faktoren im Kennzahlensystem verbessert wird. Darüber hinaus können nicht nur finanzielle Aspekte betrachtet, sondern auch strukturelle Frühindikatoren gesteuert werden.[47]

SEM-CPM bietet mit der Balanced Scorecard die Möglichkeit an, die Unternehmensstrategie zu visualisieren und durch die Verbindung mit dem Scoring der KPI's und dem Maßnahmenmanagement zu operationalisieren. Die dargestellten Ergebnisse werden mit dem Measure Builder definiert und mit technischen Kennzahlen des SAP BW verbunden. Von einer grafischen Darstellung bis hin zur Ursache-Wirkungskette verfolgt die BSC-Anwendung einen ganzheitlichen Ansatz.[48]

---

[46] Vgl. Krüger, S., Seelmann-Eggebert, J., (2003) S. 245f.
[47] Vgl. Krcmar, H., (2005) S. 67
[48] Vgl. Arnold, F., Röseler, J., Staade, M., (2005) S. 203

3.4.2 Werttreiber-Management

Als Werttreiber bezeichnet man die allgemeinen Faktoren und Kenngrößen die zur Steigerung des Unternehmenswertes führen und Einfluss auf das wirtschaftliche Ergebnis haben.[49] Zusammengefasst werden diese als Werttreiberbäume bezeichnet, stellen ein Instrument der wertorientierten Unternehmensführung dar und dienen der Visualisierung sowie Interpretation komplexer Kennzahlenstrukturen.[50] Im Gegensatz zur Balanced Scorecard sind diese nicht für bestimmte Organisationseinheiten gültig, sondern hinsichtlich der abgebildeten Beziehungen unabhängig.[51]

In SEM CPM wird die Darstellungsform des Werttreiberbaums genutzt, um Plan- und Ist-Daten anzuzeigen sowie Simulationen und Planungsaufgaben durchführen zu können. Dabei dienen als Grundlage zur Erstellung von Werttreiberbäumen Formeln aus SEM BPS.[52] Die Präsentation inklusive aller Abhängigkeitsverhältnisse erfolgt im HTML-Browser. Mit Hilfe einer Zoom-Funktion lassen sich einzelne Ausschnitte vergrößern, ein Navigationsbaum und Suchmöglichkeiten gewährleisten eine nähere Betrachtung der Elemente und Beziehungen.[53]

3.4.3 Risiko-Management

Die Etablierung eines Risiko-Managements, das potentielle Risiken analysiert und kontrolliert, ist für deutsche Aktiengesellschaften gesetzlich vorgeschrieben und zählt somit zu den Sorgfaltspflichten des Vorstands. Bei einer wirtschaftlichen Unternehmenskrise muss der Vorstand nachweisen, dass er alles getan hat, um Probleme frühzeitig erkennen und entsprechende Gegenmaßnahmen ergreifen zu können.[54] Ein bewusstes Risiko-Management ist aus den genannten Gründen auch für andere Gesellschaftsformen empfehlenswert.[55]

SEM CPM unterstützt das Unternehmen hinsichtlich Risikoidentifikation, -bewertung und -lösung. Das Zielsystem ist dabei zwingend eine Balanced Scorecard, das wertorientierte Unternehmensführung und Risiko-Management eng miteinander verknüpft.[56] Dabei werden die Auswirkungen der erfassten Risiken

---

[49] Vgl. o. V., (o. J.) Dr. Kraus und Partner, Stand 14.03.2008
[50] Vgl. Siebert, J., Strohmeier, M., (2006) S. 310
[51] Vgl. o. V., (o. J.) SAP AG Deutschland, Stand 10.03.2008
[52] Vgl. Arnold, F., Röseler, J., Staade, M., (2005) S. 153f.
[53] Vgl. Meier, M., Sinzig, W., Mertens, P., (2003) S. 126
[54] Vgl. o. V., (o. J.) SAP AG Deutschland, Stand 10.03.2008
[55] Vgl. Rudolff, L., (2008) FeiG & Partner, Stand 12.03.2008
[56] Vgl. Meier, M., Sinzig, W., Mertens, P., (2003) S. 126f.

strukturiert beschrieben, Entscheidungen über geeignete Gegenmaßnahmen getroffen und deren Umsetzung überwacht. Die Risikobewertung erfolgt zunächst in Wertfeldern, in denen sich die jeweilige Situation beschreiben lässt. Über eine Verbindung der Risiken mit Kennzahlen aus der Balanced Scorecard lässt sich ein entsprechender Risikostatus ermitteln. Dies kann in den Analyse-Sichten detailliert angezeigt werden.[57]

Mit Hilfe eines zeitnahen Risiko-Controllings inklusive -Reporting kann so frühzeitig auf Ereignisse reagiert und demgemäß Schaden vom Unternehmen abgewandt werden.[58]

3.4.4 Measure Builder

Der Measure Builder hilft dem Anwender bei der Definition komplexer Messgrößen zur Bewertung der Unternehmensleistung und beim Aufbau umfangreicher betriebswirtschaftlicher Kennzahlensysteme. Kataloge sind dabei die zentralen Elemente der obersten Gliederungsebene. Um Kennzahlen zu strukturieren, bildet der Measure Builder innerhalb der Kataloge hierarchisch verknüpfte Gruppen.[59]

Er beinhaltet Funktionen um Metadaten, d. h. Definitionen und Formeln, und Benchmark-Werte direkt in den InfoCube[60] des SAP BW zu übertragen. Der Measure Builder hat einen SEM-Kennzahlenkatalog mit einer großen Anzahl vordefinierter Messgrößen, die der Anwender in eigene Kataloge übernehmen oder über Formeln referenzieren kann.[61]

3.4.5 Management Cockpit

Das Management Cockpit ist eng mit den beiden anderen Komponenten von SAP SEM verbunden und, neben den Werttreiberbäumen und der Balanced Scorecard, ein weiteres wichtiges Instrument zur Integration der strategischen und operativen Geschäftsführung. Es ist auf die besonderen Bedürfnisse der Unternehmensleitung ausgerichtet, insbesondere zur Präsentation von Führungsinformationen.[62] Im Vor-

---

[57] Vgl. Meier, M., Sinzig, W., Mertens, P., (2003) S. 126f.
[58] Vgl. o. V., (o. J.) SAP AG Deutschland, Stand 10.03.2008
[59] Vgl. Krämer, C., Lübke, C., Ringling, S., (2003) S. 543
[60] Die zentralen Datenbestände in SAP BW, jeweils bestehend aus einer definierten Anzahl relationaler Tabellen, werden als InfoCubes bezeichnet.
[61] Vgl. Arnold, F., Röseler, J., Staade, M., (2005) S. 140f.
[62] Vgl. Krämer, C., Lübke, C., Ringling, S., (2003) S. 543f.

dergrund steht eine spezielle Anordnung und Visualisierung der relevanten Fakten zur schnellen Erfassung der Zusammenhänge, siehe Abbildung 6.

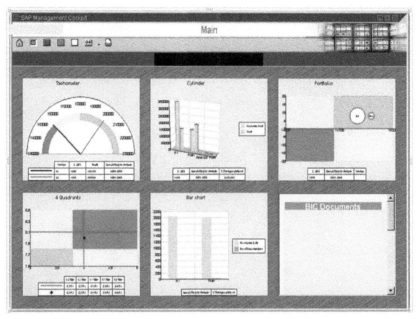

Abbildung 6: SAP SEM Management Cockpit
Quelle: o. V., (o. J.) Cundus AG, Stand 08.03.2008

Die Strukturierung der Informationen ist in Walls, Views und Frames eingeteilt. Dem Benutzer ist es erlaubt die Anordnung der einzelnen Objekte beliebig zu verändern. Bei einer Vergrößerung einzelner Frames blendet das System automatisch die zu Grunde liegenden Kennzahlen ein. Sind die Informationen im Management Cockpit nicht ausreichend, besteht die Möglichkeit direkt vom Management Cockpit, Berichte oder Dokumente aus dem SAP BW aufzurufen.[63]

---

[63] Vgl. Meier, M., Sinzig, W., Mertens, P., (2003) S. 133ff.

4 Resumée

SAP SEM ermöglicht der jeweiligen Führungsebene eine gezielte Unternehmensplanung. Der Geschäftsführung werden durch diese Software spezielle Werkzeuge
und Prozesse an die Hand gegeben, die eine effektive und zielorientierte Umsetzung der Unternehmensstrategien ermöglichen und somit einen wesentlichen Bei-
trag zum langfristigen Erfolg leisten. Vor allem durch die zahlreichen unterschiedlichen Funktionen von SAP SEM werden alle relevanten betriebswirtschaftlichen
Bereiche optimal abgebildet und unterstützt.

Ein entscheidender Vorteil beim Einsatz dieser Software ist die Vermeidung redun-
danter Daten, da SAP SEM bereits vorhandene Lösungen der MySAP Business
Suite nutzt und auf deren Datenpool aufbaut. Dadurch wird über alle Ebenen hin-
weg der Zugriff auf denselben Bestand ermöglicht, ganz im Gegensatz zu autono-
men Standalone-Lösungen. Hier müssen die benötigten Informationen unter Um-
ständen zuerst aus dem entsprechenden ERP-System eingespielt und gegebenen-
falls speziell aufbereitet werden.

Wie wichtig für manche Geschäftsführungen die Unternehmensplanung ist, soll
folgende Abbildung 7 verdeutlichen.

Abbildung 7: Management-War-Room
Quelle: Daum, J., (1998) Juergendaum, Stand 08.03.2008

In dem dargestellten Management-War-Room werden mit Hilfe des SAP SEM Management Cockpits alle wesentlichen Unternehmensdaten grafisch aufbereitet und präsentiert. Es ist somit möglich, konkrete Strategien der Unternehmensplanung effizient umzusetzen.

Literaturverzeichnis

Buch- und Artikelquellen

Arnold, F., Röseler, J., Staade, M., (2005): Enterprise Performance Management mit SAP, Bonn 2005

Bauer, E., Siebert, J., (2007): Das neue Hauptbuch in SAP ERP Financials, Bonn 2007

Egger, N., (2005): SAP BW- Planung und Simulation, Bonn 2005

Ehrmann, H., (2007): Unternehmensplanung, 5. Auflage, Bielefeld/Bad Ischl 2007

Fischer, R. (2005): Unternehmensplanung mit SAP SEM/SAP BW, 2. aktualisierte Auflage, Bonn 2005

Heuser, R., Günther, F., Hatzfeld, O., (2003): Integrierte Planung mit SAP, 2. aktualisierte Auflage, Bonn 2003

Krämer, C., Lübke, C., Ringling, S., (2003): Personalplanung und –entwicklung mit mySaP HR, Bonn 2003

Krcmar, H., (2005): Informationsmanagement, 4. Auflage, Berlin 2005

Krüger, S., Seelmann-Eggebert, J., (2003): IT-Architektur-Engineering, Bonn 2003

Meier, M., Sinzig, W., Mertens, P., (2003): SAP Strategic Enterprise Management / Business Analytics, 2. Auflage, Nürnberg und Walldorf 2003

Siebert, J., Strohmeier, M., (2006): mySAP ERP Financials, Bonn 2006

Werner, T., Mumenthaler, S., Schuler, A., Grossmann, D., (2005): Innovatives Reporting mit SAP SEM BCS 4.0, München 2005

Internetquellen

Daum, J., (1998): Strategic Enterprise Management, http://www.juergendaum.de/articles/sem_d.pdf, Stand 08.03.2008

Dehn, S., Plaut Deutschland (o. J.): Strategic Enterprise Management, http://www.plaut.com/cms/fileadmin/plaut/content/pdf-leistung/financial-controlling/Konsolidierung_-_SAP_SEM_BCS.pdf, Stand 13.03.2008

o. V., Cundus AG (o. J.): Management Cockpit, http://www.cundus.de/leistungen/management_cockpit.html, Stand 10.03.2008

o. V., Dr. Kraus und Partner (o. J.): Management Lexikon, http://www.kraus-und-partner.de/1574/Werttreiber, Stand 14.03.2008

o. V., SAP Deutschland AG & Co. KG (o. J.): SAP ERP Financials, http://www.sap.com/germany, Stand 10.03.2008

o. V., SAP Deutschland AG & Co. KG (o. J.): SAP Bibliothek, http://help.sap.com, Stand 10.03.2008

Stopper, M., Ferrari, D., Schweizerische Gesellschaft für Verwaltungswissenschaf-
ten (2006): Die Balanced Scorecard: Von der Strategie zur Praxis in der öf-
fentlichen Verwaltung,
http://www.sqvw.ch/sektor/news/archiv/d/060503_bsc.php, Stand 01.03.2008

Rudolff, L., FEiG & Partner (2008): Risikomanagement als Basis für Governance in
der Informationssicherheit,
http://www.securitymanager.de/magazin/artikel_1782_risikomanagement_und
_governance.html, Stand 12.03.2008